DU TRAVAIL LIBRE

DANS

LES COLONIES FRANÇAISES

PAR

AD. CHARROPPIN

de la Guadeloupe

Nous élèverons des autels à celui qui
trouvera le moyen de concilier la liberté
et le travail.

(*Proc.-verb. du Conseil colon. de
la Guadeloupe.* — Nov. 1840.)

※

BORDEAUX
LIBRAIRIE DE CHAUMAS-GAYET
FOSSÉS DU CHAPEAU-ROUGE, 34
1848

DU TRAVAIL LIBRE

DANS LES COLONIES FRANÇAISES.

L'esclavage est aboli dans les colonies françaises.

Le travail libre est désormais substitué au travail forcé.

Le travail libre est-il possible avec les données actuelles de la société coloniale ?

Maintes fois cette question a été posée aux conseils coloniaux, et ils ont toujours été unanimes à la déclarer insoluble.

Nous qui connaissons les colonies et qui avons été à même d'étudier longuement les mœurs de la race noire, nous déclarons partager pleinement la conviction des conseils coloniaux, s'il s'agit de maintenir le travail libre dans les proportions du travail esclave, et de conserver aux colonies leur état de prospérité et de fortune; mais, selon nous, il ne s'agit plus pour elles de s'enrichir, il s'agit de vivre, et c'est dans cette donnée que la question doit être posée de nouveau.

A ce point de vue, nous nous demandons s'il n'existerait pas un système capable de triompher des préjugés, du caprice et de la paresse du nègre, et de procurer au propriétaire colon un travail qui le fasse vivre et ne le ruine pas.

Telle est la question que nous nous proposons d'examiner.

Elle porte en elle-même l'avenir des colonies.

J'invite tous les colons à l'étudier attentivement, sans préjugé comme sans illusion.

C'est pour eux une question de vie ou de mort.

La France nous condamne à lutter. Luttons avec courage et jusqu'à l'épuisement de nos forces. Le désespoir n'est permis qu'à celui qui a longtemps combattu. Combattons, et si nos efforts sont impuissants à écarter de nous un avenir de douleur, ne donnons pas au moins à nos ennemis la joie de voir expirer dans le désespoir notre courage et notre sagesse.

Chacun se doit au salut commun. J'apporte mes idées; si elles sont bonnes, qu'on les accepte; si quelqu'un en a de meilleures à me présenter, qu'il le dise, je m'empresserai de les adopter.

Qu'on veuille bien croire avant tout que je n'ai pas la prétention de dire : Tel système réussira, choisissez-le. Non ; mais je vois l'inquiétude de mes compatriotes, je vois l'imminence du danger, je vois la nécessité où ils sont de trouver un moyen qui les fasse vivre et les arrache aux douleurs de la misère ; mon cœur s'en émeut, et je cherche dans les inspirations de mon cœur, plus encore que dans les convictions de mon esprit, ce moyen que j'irais prendre jusque dans la moelle de mes os, si je croyais l'y trouver.

L'essentiel est que tous les colons s'entendent pour adopter un mode unique, un système général, qui, excluant des tâtonnements ruineux, et s'adaptant autant que possible à la nature et aux habitudes des noirs, régularise le travail à la satisfaction de tous.

Les Anglais, qui nous ont précédés dans l'émancipation, doivent être nos guides dans la recherche du problème que nous poursuivons.

Etudions donc à travers les leçons du temps et de l'expérience le mérite des institutions qu'ils ont mises en pratique, et voyons s'il ne nous sera pas possible de puiser dans ces leçons mêmes la règle de notre conduite à venir.

Grâce à eux, grâce à leur expérience longtemps douloureuse, nous ne sommes plus à l'époque où l'on pouvait s'abuser sur le résultat du travail libre ; au temps où les Brougham, les Wilberforce, les O'Connel, Sligo et autres prédisaient au milieu du Parlement d'Angleterre que le travail d'un noir libre vaudrait celui de trois esclaves. Depuis lors, les faits ont parlé, ils ont renversé toutes les théories de ces abolitionistes, et détruit tous les arguments en faveur de la production et de la richesse.

D'après M. le duc de Broglie, les récoltes des Indes-Occidentales avaient atteint 220 millions de kilogrammes de sucre pendant l'esclavage. La moyenne des sept dernières années, 1828 à 1834, a été de 200 millions. La production, de 178 millions qu'elle était encore en 1838, dernière année de l'apprentissage, était tombée à 107 millions en 1841, troisième année du régime de la liberté. Les derniers documents donnent, pour l'année 1843, 125 millions, et, en 1844, 122 millions de kilogrammes.

Si dans ces deux dernières années la production s'est ainsi un peu relevée, elle le doit à l'introduction de 50,000 travailleurs que les Indes-Occidentales ont recrutés en Asie et en Afrique.

Il n'est pas moins constant que de 220 millions, maximum du travail esclave, à 125 millions, maximum du travail libre, la différence est encore bien près de moitié.

Ce qui rend bien plus remarquables ces énormes diminutions, c'est qu'elles ont eu lieu malgré l'encouragement excessif que présentait le renchérissement du sucre colonial, opéré par la protection des lois britanniques.

En 1834, les sucres se cotaient 61 fr. 34 c. les 100 kilogrammes ; en 1840, les prix s'étaient élevés à 120 fr. 83 c.

Nonobstant ces sacrifices que s'imposait l'Angleterre, nonobstant le capital élevé que l'indemnité avait fourni aux colons, on vit chaque année dépérir la propriété.

Les principales causes de la diminution des produits dans les îles anglaises et de la détresse qui s'en est suivie, sont :

1° La grande difficulté qu'ont éprouvée les planteurs d'obtenir un travail *solide* et *continu* ;

2° Le prix élevé par lequel ils ont été obligés de payer le travail médiocre et rompu qu'ils parvenaient à se procurer ;

3° L'élévation du prix de toutes choses, résultant de l'élévation du salaire ;

4° Le vol, la dévastation de la propriété.

La production ne s'est obtenue qu'à des conditions onéreuses, et l'équilibre a été rompu entre la valeur des produits et les dépenses de production.

Je ne doute pas que nos colons, instruits par l'exemple des colons anglais, et comprenant les inconvénients et les dangers de ce système du salaire à la journée ou à la semaine, tel qu'il était pratiqué dans les colonies anglaises, n'y renoncent à tout jamais. Une ruine inévitable atteindrait infailliblement celui qui serait assez inhabile ou assez imprévoyant pour vouloir essayer encore d'un système sous lequel les Anglais eux-mêmes ont succombé.

Comme je désire ne laisser aucun doute à qui que ce soit à cet égard, je transcris ici quelques renseignements publiés par le ministre de la marine, qui finiront par convaincre tout le monde.

« Il est arrivé, dit M. Layrle dans un rapport adressé en 1840 à l'amirauté française, il est arrivé à la Jamaïque ce que j'ai observé partout ailleurs : c'est que, dès que les noirs n'ont plus été contraints à travailler, ils se sont abandonnés à leur paresse naturelle ; ils ne veulent plus aller aux champs que pour leur compte particulier; il est très-difficile de les faire travailler pour les autres.

» Les travaux ne s'opèrent plus à la journée ; les planteurs n'y trouveraient pas leur compte. Leurs arrangements avec les nègres sont la tâche et l'entreprise : ce sont les seuls moyens d'obtenir des résultats quelque peu en rapport avec les salaires élevés que les ouvriers réclament, et que les propriétaires sont dans l'obligation d'accorder, s'ils ne veulent pas perdre le fruit des travaux commencés.

» Le travail à la journée a cet inconvénient, c'est qu'il est très-difficile de mettre les noirs à l'ouvrage le matin, et de leur faire reprendre leurs travaux après leurs repas. Ils s'engagent à travailler cinq jours de la semaine et neuf heures par jour; mais un planteur est bien heureux quand il les a aux champs pendant sept heures. Le travail à la tâche me paraît dans l'intérêt des colons; les noirs le préfèrent aussi; généralement ils ont fini le travail convenu à une ou deux heures de l'après-midi, et le reste de la journée ils le passent dans leurs cases ou à travailler dans leurs jardins. »

Après un pareil témoignage, le travail à la journée est jugé et ne peut plus laisser aucun doute. Il est désastreux pour le propriétaire qu'il ruine, et pour le nègre qu'il démoralise et qu'il maintient dans toutes ses habitudes d'insubordination et de paresse capricieuse. Et remarquez qu'il vous sera toujours impossible de forcer les noirs à accomplir, pendant la durée d'une semaine ou pendant quelques jours seulement, le travail dont ils sont convenus; qu'il vous sera impossible encore d'établir un contrôle pour vérifier si le travail achevé a été convenablement fait.

Les noirs arriveront tard à l'ouvrage, jetteront leurs instruments, regagneront leurs demeures ou suivront tout autre caprice, et cependant le maître sera tenu de payer leur salaire.

Il y aura des magistrats, me direz-vous, chargés de vérifier le travail, et lorsque les nègres auront mis trop de négligence dans l'accomplissement de leur tâche de la journée, les maîtres porteront leurs plaintes aux magistrats, qui ordonneront que le travail soit recommencé.

C'est peu connaître la position des colonies telle que l'émancipation nous l'a faite, que de penser ainsi.

Les planteurs, qui ont tant de peine à se procurer des travailleurs, n'oseront point porter leurs plaintes, dans l'appréhension de voir les nègres abandonner l'habitation. Qu'arrivera-t-il alors ? La faiblesse du planteur encouragera la paresse du nègre ; leur nonchalance fera subir chaque jour de nouvelles pertes ; la fabrication du sucre se fera lentement et avec négligence ; le produit sera à la fois de qualité inférieure et en quantité moins considérable ; on sera obligé de laisser sans culture des terrains fort étendus, et la production diminuera jusqu'à la ruine de l'habitant. L'exemple des colonies anglaises est encore là pour nous le prouver.

Je le répète et ne saurais trop le répéter, en louant le nègre à la journée ou même à la semaine, vous ne pouvez compter sur une continuité de travail, et sans continuité de travail point de résultat, point de produit.

On sait, en effet, qu'aux colonies, des soins

particuliers doivent être pris en temps utile, en raison de la nature du sol, sous peine de rendre superflus tous les travaux antérieurs.

Dans une enquête du Parlement anglais, M. Campbell, propriétaire d'habitation à Demerary, s'exprime ainsi : « J'ai vu fréquemment des champs de cannes abandonnées sur pied, non pas parce que les noirs refusaient de les couper et de les porter au moulin, mais parce qu'il n'y avait personne à la sucrerie. — En janvier 1841, j'ai vu, sur l'habitation Sans-Souci, soixante-dix acres de cannes pourrir sur pied, parce que l'atelier refusait de les couper. Aussi les habitations qui produisaient deux et trois boucauts de sucre par acre en donnent à peine un aujourd'hui, par suite du défaut de continuité dans le travail. »

Le caprice des noirs à l'égard du travail est porté à un point qu'on ne saurait imaginer.

Il en est ainsi quand ils travaillent pour les autres, alors qu'ils n'ont rien à perdre ou à gagner, soit que l'habitation dépérisse, soit qu'elle fructifie. En serait-il de même s'ils avaient un intérêt direct dans la prospérité de l'habitation ? Évidemment non. Mais comment établir cet intérêt et le rendre assez évident pour être compris et accepté des nègres ? L'expérience anglaise va nous en fournir les moyens ; et les heureux résultats obtenus par les habitants de la Grenade et d'autres colonies, doivent nous convaincre que le système suivi par eux est le meilleur, je dirai même le seul que nous puissions adopter chez nous.

Ce système est celui du colonage partiaire, auquel a donné lieu celui qui se pratique dans le midi de la France, et, je crois aussi, dans quelques contrées d'Angleterre.

Avant de parler de l'expérience qui en a été faite et des résultats obtenus, il est bon de donner quelques renseignements sur le système primitif, tel, par exemple, qu'il se pratique dans le département de la Gironde. On en saisira mieux l'ensemble, et il sera plus facile de le modifier ou de le généraliser, selon les besoins des localités.

Un terrain d'une certaine étendue est abandonné pour un an par son propriétaire à un individu qui s'appelle métayer ; l'établissement qu'on lui livre est nommé métairie. Les conditions du contrat passé entre le propriétaire et le métayer sont les suivantes :

Le premier fournit l'habitation avec toutes ses dépendances ; il fournit les animaux de labour et de trait ; il se charge également, d'ordinaire, des dépenses d'engrais et de semences pendant la première année; tous les autres frais sont laissés au métayer. Le produit est ainsi divisé : une portion est mise à part pour les semences de l'année, le reste est partagé entre le propriétaire et le cultivateur. Les bestiaux sont nourris avec les produits de la métairie, à la charge commune. L'étendue de ces métairies varie, en raison du nombre des individus qui composent la famille du métayer, et en raison de la nature du sol, de soixante-cinq journaux (cinquante-deux acres) à trente journaux (vingt-quatre acres). Enfin ce métayer, à moins de conventions particulières, n'est ordinairement sujet à d'autre taxe que la contribution permanente et mobilière, laquelle est établie en proportion de ses moyens, sur sa personne en qualité de chef de famille, et sur ses instruments de travail.

C'est ce système, modifié selon les besoins du pays et la nature des travailleurs auxquels on l'appliqua, qui a commencé à être mis à exécution dans les colonies anglaises en 1840, et a donné les meilleurs, et, je puis dire, les seuls bons résultats.

Dans une enquête du Parlement anglais, M. Ross, propriétaire à la Grenade, s'exprime ainsi :

« J'ai fait l'essai du colonage partiaire en 1840, et j'ai commencé par abandonner à quelques ouvriers le tiers du produit d'une portion de terrain. Ce système prit bientôt faveur dans l'atelier, et peu à peu je fus obligé d'y comprendre tous les noirs, à leur demande. Dans l'espace de six mois, tous les travailleurs auxquels je pouvais sans danger donner cette marque de confiance reçurent un terrain plus ou moins étendu à cultiver, selon la capacité de chacun. Aux uns, je donnais le quart ; aux autres, le tiers du produit. Si je n'avais pas pris ce parti, je suis certain qu'ils auraient abandonné l'habitation, ne trouvant pas dans le salaire un stimulant suffisant pour continuer la culture. Le fait est que j'avais passé par les embarras communs à tous les planteurs de la Grenade ; j'étais à la veille d'éprouver le plus cruel de tous, celui qui résulte de la désertion des ateliers. Le système nouveau que j'adoptai eut pour les noirs une séduction particulière, en ce qu'il ne les obligeait pas à un travail régulier de chaque jour, pendant un certain nombre d'heures déterminées d'avance. Pourvu que la culture fût convenablement suivie, ils étaient libres de choisir le temps où ils préféreraient lui donner leurs soins. Le système du salaire est odieux aux noirs, parce qu'il les soumet à une règle de travail semblable à celle qu'ils étaient forcés de suivre à l'époque de l'esclavage. »

Pendant combien de temps avez-vous mis votre système à exécution? demande-t-on à M. Ross.

R. Pendant deux ans, de 1840 à 1842.

D. Y avez-vous trouvé profit?

R. Le système du travail salarié était ruineux, celui du colonage partiaire m'a donné quelques bénéfices.

Le principal avantage du colonage partiaire est donc de donner aux noirs un intérêt direct à la prospérité de l'habitation. Avec le système du salaire, le noir, comme je le disais tout-à-l'heure, n'a rien à perdre ou à gagner, soit que l'habitation dépérisse, soit qu'elle prospère. D'une part, le planteur n'a pas lieu d'être satisfait du travail qu'il obtient ; de l'autre, le travailleur trouve un plus grand avantage à cultiver son propre terrain que celui du maître, même au prix d'un salaire élevé. Le partage des produits remédie à tous ces inconvénients.

Que ceux qui doutent de l'efficacité de l'association lisent la dépêche de sir Henry Light, gouverneur de la Guyane, à lord Stanley :

« Mars 1842.

» Mylord, Votre Seigneurie apprendra avec satisfaction que ses observations sur la nécessité de donner aux travailleurs un intérêt direct dans l'exploitation des habitations, ont déjà fait impression ici.

» Le propriétaire d'une habitation nommée Cuming's-Lodge, aux environs de George-Town, offre de donner à bail pour sept années huit fermes, de quatorze acres chacune. Ce propriétaire, qui se nomme M. Garnett, est de ceux qui ont le plus souffert depuis l'émancipation. Le plan qu'il propose aujourd'hui paraît devoir offrir de grands avantages, tant à lui qu'à ceux qui deviendront ses fermiers.

» Je suis avec anxiété la première expérience de ce nouveau système : puisse-t-il faire renaître les jours de prospérité des Indes-Occidentales !

» Il est certain qu'aujourd'hui un grand nombre d'habitations sont dans un état triste et précaire. Votre Seigneurie a reçu les plaintes des planteurs à ce sujet. Après mille essais infructueux, ces mêmes planteurs commencent à chercher les moyens d'utiliser le désir général d'indépendance que manifestent les noirs. Deux villages, Queen's-Town et Albert's-Town, ont été formés sur la propriété de sir Carberry, et cet exemple est généralement suivi. Un nouveau quartier de George-Town s'élève sur l'habitation la Pénitence ; dans tous les quartiers de Demerary et d'Esséquibo, des établissements de ce genre sont formés. Les avantages de cet état de choses sont grands ; mais il faut reconnaître que le système recommandé par Votre Seigneurie et adopté par M. Garnett a de meilleurs résultats, au point de vue de la culture des produits d'exportation.

» Voici le calcul que nous avons fait ensemble à ce sujet :

» Cent jours de travail d'un noir qui n'est pas intéressé dans la culture rapportent communément un boucaut de sucre par acre. Par suite de l'émulation qu'on doit raisonnablement attendre du nouveau système, on peut, sans crainte d'exagérer, porter le chiffre de la production future à un boucaut et demi.

» Le plan de M. Garnett est essentiellement praticable. Il doit non seulement préparer la prospérité du planteur, mais encore assurer celle des fermiers. Il contribuera à faire de ces derniers des hommes capables de posséder et d'exploiter pour leur propre compte des habitations à sucre. »

On voit que ce système si vivement recommandé par lord Stanley et adopté avec succès par M. Garnett, diffère très-peu de celui de M. Ross. Dans l'un comme dans l'autre, c'est le principe d'association qui domine. Il n'est pas douteux qu'un pareil système s'établirait avantageusement dans les colonies à sucre, s'il était d'abord expérimenté par des travailleurs libres des préjugés que les noirs entretiennent contre les contrats. Si l'on parvient à leur faire comprendre que cette méthode, en satisfaisant le propriétaire, garantit les intérêts des travailleurs; si l'on peut les convaincre que ce système n'enchaînera pas leur indépendance personnelle, ne gênera pas la liberté de leurs rapports avec leurs femmes et leurs enfants, et les laissera maîtres de cultiver leurs jardins, d'où ils pourront retirer un revenu promptement réalisable, il est certain qu'ils s'empresseront d'y souscrire. Le noir n'a pas de répugnance à accorder des crédits qui s'étendent jusqu'à la fin de la récolte, lorsqu'on a su gagner sa confiance par un loyal et consciencieux acquittement envers toutes les obligations contractées envers lui, et par le maintien de relations bienveillantes. D'ailleurs, comme nous le dirons tout-à-l'heure, rien n'empêche qu'une avance sur les produits de l'habitation ne soit faite aux travailleurs qui la demanderaient.

Le Code rural d'Haïti expose, d'une manière très-claire, la théorie d'un système qui a les mêmes bases que le système de métairie décrit plus haut.

Nous en extrayons les articles suivants, afin que les colons, étudiant tous les essais qui ont été tentés, toutes les expériences qui ont été faites, puissent reconnaître quel est le système qui a donné les meilleurs résultats, et l'adopter définitivement :

« Art. 51. Lorsque dans les habitations-sucreries le travail se fera de moitié, le propriétaire prélèvera avant partage un cinquième du revenu brut, pour tenir lieu du loyer des usines ou ustensiles, bestiaux, etc., employés à l'exploitation, ou pour frais de réparations. Dans les autres cultures, le montant des dépenses occasionnées par la faisance-valoir ou frais d'exploitation sera prélevé avant le partage.

» Art. 52. Les cultivateurs travaillant au quart des revenus par eux produits, participeront pour un quart brut dans tout ce qu'ils produiront ; ils jouiront en totalité des fruits récoltés dans leurs jardins particuliers, travaillés par eux aux heures ou jours de repos.

» Art. 53. Lorsque dans les grandes manufactures ou sucreries, caféries, cotonneries, indigoteries, la saison exigera que les travaux soient poussés avec activité, les diverses sociétés de moitié qui se trouveront sur la même habitation devront s'entr'aider dans leurs travaux, en se donnant mutuellement un même nombre de journées de travail. L'administrateur de la propriété réglera ces sortes de compensations.

» Art. 54. Lorsque les denrées ou récoltes, quelles qu'elles soient, fabriquées ou ramassées, soit qu'elles proviennent de travaux faits au quart ou en société de moitié, le déplacement ne pourra s'effectuer de la propriété qui les aura produites, qu'après que le partage en nature aura eu lieu entre le propriétaire ou fermier principal et les agriculteurs travaillant au quart ou associés de moitié.

» Art. 55. Sur les habitations-sucreries, le partage des portions afférentes aux cultivateurs devra se faire après la roulaison de chaque pièce de cannes ; sur les habitations où l'on cultive des vivres ou des grains, les répartitions ne se feront aux travailleurs que tous les six mois ; sur les autres habitations, telles que caféries, cotonneries, cacaoyères, indigoteries, etc., les partages auront lieu à la fin des récoltes de café, indigo, cacao, coton, etc. »

Ce système, tel qu'il est pratiqué à Saint-Domingue, a donné lieu aux observations suivantes :

Le général Lelborn, propriétaire d'une habitation considérable dans la plaine du Cul-de-Sac, a élevé à grands frais une machine à vapeur pour la fabrication du sucre ; cette machine n'est pas exclusivement destinée aux besoins de l'habitation, elle sert encore aux petits propriétaires environnants qui n'ont pas d'autre moyen de faire leur sucre.

Le droit payé au propriétaire de la machine est du quart du jus de la canne. La loi limite ce droit au cinquième du produit, lorsque le propriétaire traite avec ses propres cultivateurs ; avec tous les autres, il est libre de passer tels contrats qui conviennent aux deux parties. Les travailleurs s'associent par familles pour la culture d'une portion de chaque habitation ; leur revenu est en proportion de leur travail, d'après les dispositions du Code rural.

Il arrive fréquemment que ces associés ne sont pas assez nombreux pour achever avec la célérité convenable les travaux qui suivent la récolte : dans ce cas, ils sont tenus de louer des ouvriers dans le voisinage, ou d'obtenir l'aide des autres ateliers. Ces divers arrangements satisfont les intérêts généraux et les intérêts privés. Les associés choisissent eux-mêmes leurs chefs; ceux-ci n'ont pas mission de les forcer au travail, mais ils représentent l'association auprès du propriétaire du sol, et sont chargés de conclure avec lui tous les marchés qui intéressent la communauté.

On remarquera que le Code rural cité plus haut déclare que « les cultivateurs jouiront de la totalité des produits de leurs jardins particuliers. »

Comme il était important d'empêcher que les travailleurs n'appliquassent toute l'activité de leur travail à leurs jardins, tandis qu'ils n'auraient apporté que mollesse et nonchalance dans la culture des produits généraux des habitations, on avait soin de maintenir un certain rapport d'étendue entre le jardin du cultivateur et la portion du terrain de l'habitation qui était confiée à ses soins; tant que la proportion convenable était maintenue, on n'avait pas lieu de craindre que les cultivateurs négligeassent un travail pour l'autre.

Qu'on étudie attentivement les effets du fermage ou du colonage partiaire obtenus, soit à la Jamaïque, soit à la Grenade, soit à la Guyane et même à Saint-Domingue, qu'on les compare surtout aux résultats donnés par le système du salaire à la journée, et l'on ne tardera pas à se convaincre que, s'il est pour les colonies un moyen de vivre, elles ne se sauveront que par le colonage partiaire, c'est-à-dire par l'association, par l'intérêt direct donné au nègre dans les produits de l'habitation.

C'est sans contredit le système le plus efficace, le plus en rapport avec la nature et les habitudes du noir, conséquemment le plus habile que les Anglais aient essayé jusqu'à présent. Lui seul pourra rendre obligatoires les engagements à long terme, et je crois de toute nécessité qu'un noir soit engagé pour tout le temps que doit durer la récolte; sans cela, les travaux d'une habitation ne seraient jamais assurés, et le propriétaire serait entièrement dans la dépendance des noirs, puisque son existence serait subordonnée au travail que ceux-ci pourraient lui donner ou lui refuser à volonté; lui seul encore pourra arrêter les ruines des expédients maladroits auxquels on a eu recours si longtemps. Que nos colons français, aujourd'hui éclairés par les leçons du temps, évitent les malheurs auxquels d'autres n'ont pas su échapper; qu'ils adoptent franchement et universellement le système que je leur signale, et j'ai la confiance que, si le problème que nous cherchons peut un jour se réaliser, il ne le sera que dans ce sens et par ce moyen.

Mais prenons garde, Messieurs : dans la situation nouvelle qui nous est faite, la chose essentielle pour nous, c'est notre accord, c'est notre unité dans la marche que nous avons à suivre. Malheur si chacun adopte un système particulier! Ce serait la concurrence entre propriétaires, la guerre entre voisins; ce serait le désordre, ce serait la ruine. Il importe, il est nécessaire que chaque colonie ait sa règle fixe, uniforme, son usage universellement adopté au sujet du travail, et, en général, de tout ce qui constitue les rapports entre le propriétaire et le travailleur. Que tous les colons qui sont en France s'entendent entre eux, afin de donner les mêmes ordres, les mêmes instructions à leurs mandataires; qu'ils sachent se mettre au niveau de leur position, qu'ils en apprécient tous les inconvénients, et se gardent de se jeter dans des essais qui, nuisibles aux autres, seraient encore plus nuisibles à eux-mêmes.

Quant à moi, je crois avoir suffisamment démontré l'utilité et les avantages du colonage partiaire, et je désire qu'il obtienne l'assentiment de chacun.

Une fois le principe accepté et généralisé dans les colonies, chaque habitant s'étudiera à l'appliquer ou à le modifier selon les nécessités des lieux ou les exigences de ses travailleurs. Dans le cas où ceux-ci seraient assez confiants en eux-mêmes pour accepter une solidarité commune à tous, je leur abandonnerais l'habitation, tout en gardant mon droit d'administrateur. Un chef nommé par tous les intéressés serait l'intermédiaire entre l'atelier et le propriétaire. Chaque mois, une avance, dont le taux serait convenu amiablement, serait faite à chaque travailleur qui la demanderait, pour être déduite plus tard sur la part qui lui appartiendrait dans le produit de la récolte.

Les frais de faisance-valoir seraient prélevés avant tout partage, et le produit net serait également partagé entre l'atelier et le propriétaire.

Ce mode, qui exige une certaine intelligence et une confiance que le nègre n'accorde pas toujours, rencontrera sans doute beaucoup de difficultés dans les premiers temps. Il faudrait alors diviser l'habitation en quinze ou vingt carrés de terre qui seraient confiés à quinze ou vingt bons travailleurs : chacun aurait un carré à cultiver. Cette quantité serait, je crois, celle qu'un nègre aidé de sa femme et de ses enfants pourrait aisément mettre en rapport. Je lui abandonnerais un quart du produit, me réservant toutes les dépenses de faisance-valoir. Ceci, du reste, ne pourrait être réglé qu'en raison de la fertilité du sol et de la capacité du noir auquel il serait confié.

Je ne fais qu'indiquer ces différents modes d'application, parce que, selon moi, ils ne peuvent être utilement réglés que sur les lieux et après discussion entre le propriétaire et les travailleurs. Je compte sur le zèle et l'intelligence de mes compatriotes.

Je regrette que tant de propriétaires soient aujourd'hui éloignés de leurs habitations. Leur absence sera un malheur dans les circonstances difficiles que nous avons à traverser. Les nègres ne se détachent jamais entièrement de leurs anciens maîtres ; ils ont souvent pour eux de l'affection, et toujours du respect : l'influence des maîtres serait donc principalement capable d'agir sur l'esprit et le moral des nouveaux libres, et de les entourer assez bien pour qu'ils n'eussent pas le temps de prendre de mauvaises habitudes. Que ceux qui ne sont pas forcément retenus ici comprennent leurs intérêts et partent. Le temps des illusions est passé. Envisageons bravement les nécessités de notre société nouvelle, et, si nous avons le vouloir, nous aurons aussi la force de nous y habituer. Qu'on le sache, la grande habileté de l'administrateur consistera désormais à s'animer d'un tel désir de bien-être pour ses travailleurs, à les convaincre si bien de son intérêt pour eux, à établir d'une manière si simple l'évidence de sa bonne foi dans ses transactions avec eux, que les nègres puissent la toucher du doigt, si je puis m'exprimer ainsi, et que la bonne harmonie règne toujours entre lui et les véritables travailleurs. Et afin qu'on ne puisse jamais nous imputer les malheurs que l'émancipation peut amener, je veux que les colons sachent mettre et leur raison et leurs cœurs à la hauteur des circonstances qui les dominent. Avouons franchement à nos affranchis et avouons à nous-mêmes que notre avenir est dans leurs mains, comme le leur est dans les nôtres. Acceptons cette solidarité et parvenons à la leur faire accepter à eux-mêmes, et que partout, sur chaque habitation, une association loyale et sincère fasse du propriétaire et de ses affranchis des compagnons également intéressés à la chose commune.

Les créoles ont donc de graves devoirs à s'imposer ; ils les comprennent, ils les acceptent, ils sauront les remplir. La France a aussi des devoirs et des obligations envers ses colonies : c'est à nous à les lui rappeler.

Et d'abord, l'argent, ce nerf du travail, l'argent nous manque. Demandons-lui une banque de crédit qui vienne en aide aux propriétaires ruinés.

Mon esprit comme mes habitudes répugnent aux affaires de banque, et je n'ai ni la capacité ni la prétention de vouloir établir sur des bases solides l'avenir financier des colonies. Mais je consulte ma raison et les nécessités de l'avenir, et je dis que, dans l'état actuel des choses, il est urgent autant que juste, autant que politique, que la France intervienne dans nos affaires coloniales pour rendre à nos colonies la vie qui leur échappe ; et le premier remède, selon moi, est de ramener le crédit que leur ont fait perdre l'abandon dans lequel on les a laissées si longtemps, la vileté de leurs denrées, et l'inique privilége si longtemps accordé à la betterave. Je dis encore qu'il est moral et nécessaire de faire cesser et de rendre à jamais impossible cette tyrannie du capital, ou plutôt ce honteux fléau d'une usure criminelle, sous lequel succombe depuis cinquante ans l'habitant malheureux et nécessiteux. Oui, je le proclame hautement, le temps est venu de chasser sans pitié ces trafiquants sans honneur et sans entrailles qui, toujours aux aguets de la détresse, ne demandent à la secourir que pour ajouter à son malheur et s'engraisser de sa ruine. Tous ceux qui connaissent les colonies savent que le taux courant de l'argent, qui est de 10 à 15 pour cent sous le règne de la légalité, ne s'élève pas à moins de 20, 25 et jusqu'à 30 pour cent sous le despotisme effronté de l'usure. Je demande que tous ces marchands infâmes et cupides disparaissent au plus tôt de la colonie, et que l'Etat, pour nous aider à les chasser, constitue dans chaque colonie une banque que j'appellerai foncière, parce que je la veux spécialement formée dans l'intérêt des propriétaires, dans l'intérêt du travail, plus encore que dans celui du commerce.

Quelques jours après la révolution de février, le gouvernement provisoire avait déclaré sa volonté d'établir dans les colonies des comptoirs d'escompte, ainsi qu'il l'avait fait pour les départements en France ; mais il oublia de dire si son intention était d'adopter ou de modifier là-bas les bases adoptées ici.

Il est évident cependant que les conditions ne sont plus les mêmes, et que ce qui a pu très-bien convenir et réussir en France ne pourrait ni suffire, ni convenir, ni réussir dans les colonies. Ici et là, c'est le même besoin d'argent qui se fait sentir ; mais les modes de régler ce besoin et de le secourir, les modes de garanties et de remboursements ne peuvent plus être les mêmes. Des modifications sont donc nécessaires, et voilà comme je les comprendrais :

L'indemnité serait mon point de départ, et l'État promettrait à chaque propriétaire dépossédé 1,000 fr. par tête de nègre affranchi. Je partirais de ce principe, et, cherchant à concilier les besoins de l'habitant avec les difficultés du Trésor, je demanderais que le paiement de l'indemnité fût ainsi divisé : les colons qui y auraient droit recevraient 500 fr. en numéraire au 1er janvier 1849, plus une inscription de rentes 4 p. 100 au capital de 400 fr., et enfin les 100 fr. restants, c'est-à-dire le dixième de l'indemnité, seraient payés en un billet de la banque coloniale, ayant cours forcé dans la colonie.

Or, nous comptons deux cent quarante mille affranchis dans nos quatre colonies de la Guadeloupe, de la Martinique, de Bourbon et de

Cayenne, soit une moyenne de soixante mille pour chacune d'elles. Soixante mille affranchis à 1,000 fr. donnent un capital de 60,000,000. Le dixième de soixante est six : on voit donc que l'abandon de ce dixième par les propriétaires constituerait à leur profit une banque au capital de 6,000,000, chiffre suffisant, mais nécessaire à la reconstruction de notre édifice social.

Si l'on me demande comment il sera loisible au créole de convertir plus tard en argent les 100 fr. qui lui auront été donnés en billet, je dis que rien n'empêchera le porteur d'un billet d'acheter, dans la colonie, du sucre, du café ou toute autre denrée qu'il expédiera en France, afin d'en toucher la valeur.

La banque, pour obvier à la pénurie d'argent qui se fait sentir dans toutes les colonies, serait autorisée à émettre des coupons de 5 fr. jusqu'à 1,000 fr.

Cette banque, constituée par les colons avec l'intervention de l'État, aurait pour principal but de donner une garantie aux travailleurs, et de fournir à l'habitant lui-même un crédit raisonnable pour ses frais d'exploitation.

Un privilége de deuxième ordre lui serait accordé sur tous les produits de l'année.

Toutes ces questions, je ne fais que les poser, afin que nos créoles s'en emparent pour les éclairer par la discussion si elles renferment quelque vérité, ou en faire jaillir des idées meilleures et des propositions nouvelles.

Les temps sont difficiles, et nous n'avons pas un moment à perdre. Que tous le comprennent, et mettent toute la chaleur de leur âme et l'intelligence de leur esprit à réclamer activement pour eux et leurs compatriotes les droits sacrés de la justice et de la nécessité.

Qu'ils sachent que les travailleurs, quels que soient nos efforts, nous manqueront longtemps encore : demandons à la France qu'à l'exemple de l'Angleterre, des fonds soient votés pour l'introduction de travailleurs de toutes nations, européens, indiens, africains, habitants de Madère et des Canaries, qui viendront donner à nos affranchis un exemple influent du travail libre.

Le choix des engagés n'est pas indifférent : s'ils étaient moins avancés en civilisation, il serait à craindre que l'immixtion d'un nouvel élément de barbarie ne devînt une cause de perturbation morale.

A ce point de vue, les travailleurs de race blanche seraient préférables aux engagés asiatiques ou africains ; mais l'acclimatement est difficile, chanceux. Peut-être faudra-t-il restreindre pendant quelque temps le concours des ouvriers blancs aux emplois de contre-maître ou aux travaux des usines. Espérons que les nègres, lorsqu'ils verront des blancs la houe à la main comme eux, s'empresseront de venir mêler leur travail au leur, et que dans cette union s'effaceront leurs préjugés d'anciens esclaves.

Cet exemple du travail des blancs doit avoir des conséquences trop favorables, pour que les colons ne se hâtent pas de solliciter la métropole de donner un prompt encouragement aux émigrations.

A côté de cette question toute d'appréciation, il en est une beaucoup plus urgente et sur laquelle cependant les colons semblent s'endormir dans une indifférence coupable : je veux parler du dégrèvement de nos sucres, que nous avons de la peine à vendre 55 fr. aujourd'hui, alors qu'ils ne nous ont pas coûté moins de 67 fr. rendus au Havre, à Bordeaux ou à Nantes. Nous ne trompons personne, et nous le prouvons par des chiffres officiels. Un travail, en effet, a été fait pour établir sur de justes bases les dépenses moyennes qu'exige la fabrication d'un quintal de sucre colonial, pour déterminer en d'autres termes le prix de revient qui doit fixer le prix de vente auquel seulement les colons pourraient continuer à cultiver leurs terres et manufacturer leurs cannes. Ce travail n'est pas suspect, car il n'est pas l'ouvrage d'un colon, mais d'un inspecteur des finances, envoyé en 1840, à cet effet, par le ministre de la marine.

Ce fonctionnaire est parvenu au chiffre de 27 fr. 92 cent. Si, à cette première dépense de fabrication dans la colonie et au temps de l'esclavage, on ajoute le fret, les frais de vente en France, le coulage pendant la traversée, fixés généralement à 15 fr., et enfin les droits qui grèvent actuellement le sucre colonial, 24 fr. 75 c., cinquante kilos de sucre des colonies, rendus au Havre, à Bordeaux ou à Nantes, auront coûté 67 fr. 67 c., et cependant, à l'heure actuelle, cette même quantité ne se vend que 55 fr.

Voilà la ruine des colons mathématiquement établie en dehors même de toute influence émancipatrice ; voilà ce qui, dans les circonstances présentes, nous autorise à demander un dégrèvement de 20 fr. au moins sur le sucre des colonies.

La betterave s'en plaindra-t-elle, elle qui a joui si longtemps d'un privilége aussi inique qu'impolitique ; elle qui, s'intronisant dans les chambres et jusque dans nos ministères, engraissait son avidité au détriment des intérêts du Trésor, des intérêts de la marine et de ceux de l'agriculture; elle qui, d'ailleurs, placée sur les lieux mêmes, aux portes de la consommation, ayant à sa disposition les canaux, les chemins de fer, tous les travaux de viabilité auxquels la France, chaque année, consacre des sommes immenses, grandit, exempte des charges qui pèsent sur le sucre colonial ?

Demandons le dégrèvement comme un droit et comme une justice.

La République pourrait-elle méconnaître cette justice ou contester l'urgence de nos réclamations, alors qu'à la suite d'une émancipation que rien n'a préparée, le travail est partout désorganisé, alors que l'argent manque à tous, alors qu'une gêne et une misère générales arrêtent toutes les transactions et oppressent tous les cœurs ?

M. le duc de Broglie, président et rapporteur de l'ancienne commission des affaires coloniales, va se charger de défendre notre droit.

« L'émancipation, disait-il, avec quelque ménagement qu'elle soit conduite, entraînera nécessairement un certain degré de perturbation dans le travail colonial. La production en souffrira plus ou moins ; le résultat de l'émancipation sera donc de diminuer la production du sucre.

» Il sera indispensable, pendant *les années du régime intermédiaire*, d'assurer aux colons un prix de leur denrée un peu supérieur au prix nécessaire.

» On ne saurait guère imposer aux colonies les embarras d'*un régime transitoire*, en les laissant exposées aux hasards d'une lutte désespérée avec le sucre indigène. *Ce serait trop de moitié.* »

La République, qui n'a fait grâce aux colonies

du régime transitoire que pour lui infliger une émancipation absolue et sans préparation, sera-t-elle moins généreuse que la monarchie? ou bien, acceptant la solidarité de ce mot cruel et farouche que son commissaire, M. Schœlcher, adressait dernièrement aux délégués des colonies, dira-t-elle aussi : Vous êtes des vaincus, subissez les conséquences de votre défaite? Non, cela n'est pas possible ; non, nous ne sommes pas des vaincus, pour avoir à craindre les fureurs d'un nouveau Brennus ; nous sommes les enfants de la France, et nous avons foi en sa justice comme en son humanité !

Mais puisqu'il est question de M. Schœlcher, laissons-le donc parler, et voyons tout ce que l'orgueil d'un triomphe peut faire perdre de justice et de sentiments généreux à un homme qu'un système gouverne et que le cœur n'accompagne pas. Voici ce qu'écrivait M. Schœlcher en 1842 :

« Tout labeur doit rapporter sa juste récompense ; la France devra donc trouver le moyen d'assurer au propriétaire le produit de son capital, et au travailleur le prix de son travail. En bonne morale et en bonne économie politique, il ne peut en être autrement. Si donc l'esclavage a permis de donner le sucre à bon marché, et si la liberté au contraire doit le rendre plus coûteux, il est juste, il est simple que le consommateur s'y résigne, et que la métropole, qui a voulu la liberté, en accepte toutes les conséquences ; c'est le cas de nous associer au vœu de M. Alphonse Bouvier, et de dire avec lui :

» Pour éviter de compromettre la fortune des créoles dans les embarras et les ralentissements des premières années d'indépendance, il faudrait que la France protégeât les produits du travail libre, comme elle protége la liberté; qu'elle accordât aux produits obtenus des ouvriers émancipés des encouragements et des franchises qui en excitassent les développements ; en un mot, qu'elle modifiât ses tarifs de douane, en raison des difficultés que la production va rencontrer. Et n'est-ce point justice que les fonds de l'État, que les fonds appartenant à tous, viennent en aide à ceux qui subissent une nécessité imposée par l'honneur de tous? Si nos sucres ne se présentaient pas sur nos marchés de France avec les mêmes avantages que les sucres des colonies anglaises trouvent sur les marchés de leur mère-patrie, il en résulterait que le colon anglais, pouvant offrir un prix plus élevé de la journée à ses travailleurs, attirerait chez lui nos nouveaux affranchis ; car nous ne comprendrions pas une liberté qui interdirait aux citoyens la faculté de chercher, en pays étranger, des avantages qu'ils ne trouveraient pas toujours sur le sol natal. Nos îles seraient ainsi exposées à de fréquentes émigrations ; de là, diminution de la population active, cessation de travail, absence de revenus, embarras, misère. Les utiles compensations que nous réclamons étant le corollaire indispensable de l'émancipation, devant assurer en grande partie le succès de l'œuvre sérieuse et difficile que nous entreprenons, devraient être accordées concurremment avec l'affranchissement, pour placer le remède à côté du mal. »

M. Schœlcher, après avoir laissé parler notre compatriote, au vœu duquel il s'associe pleinement, reprend la plume et continue à plaider notre cause avec une chaleur que, dans le temps, j'avais la bonhomie de prendre pour une conviction, et qui, plus tard, j'en demande pardon aux créoles, me fit proposer M. Schœlcher aux suffrages des électeurs de Bordeaux.

« L'esclavage, dit M. Schœlcher, n'a jamais été la faute des maîtres ; la faute est à la métropole qui le commanda, qui l'excita. L'émancipation est une expropriation forcée pour cause d'utilité humanitaire. L'indemnité est donc un droit pour les créoles. Tout ce que l'on peut avancer pour soutenir le contraire ne peut être que de l'injustice et du sophisme.

» Ceux qui prétendent qu'il est permis d'arracher aux maîtres leur propriété noire, purement et simplement, parce que cette propriété est et a toujours été illégitime, méconnaissent qu'elle est et a toujours été légale.

» Ils oublient que le pacte social qui la protége ne peut rien défaire violemment de ce qu'il a institué législativement.

» Indemnité donc pour les colonies, indemnité raisonnable, loyalement débattue de part et d'autre, parce que, si les colons ont acheté et possédé des esclaves, c'est la France qui l'a voulu; indemnité, parce que sans cela tout travail salarié est impossible et la ruine inévitable; indemnité enfin, et surtout, parce que c'est justice. »

Nous tous qui avons accepté les faits accomplis, et qui avons promis nos soins et le concours de notre intelligence à la consolidation de la société nouvelle, le moment est venu de nous présenter devant M. Schœlcher, son programme à la main, et de lui demander l'accomplissement de ses promesses. Que d'autres croient à sa haine contre les blancs; moi, je ne crois même pas à son amour pour les nègres.

Mais je crois à son amour de lui-même; je crois à l'orgueil qui l'a poussé à désirer attacher son nom au triomphe d'un principe que réclamaient les idées de notre époque, plus encore que l'intérêt de l'humanité; et comme mes intérêts personnels ne parviendront jamais à faire que mes préventions dominent ma raison, je crois à la justice, sinon sympathique, du moins rationnelle, de M. Schœlcher, justice qu'à défaut de son cœur, son honneur et celui de la France lui imposeraient ; je crois enfin à son intelligence, et je ne pense pas qu'après avoir jeté les fondements d'une société nouvelle, il ne s'y croie forcément intéressé, comme à une création dont il devient responsable dans l'avenir.

BORDEAUX, IMPRIMERIE D'ÉMILE CRUGY.

Contraste insuffisant
NF Z 43-120-14

www.ingramcontent.com/pod-product-compliance
Lightning Source LLC
Chambersburg PA
CBHW060510050426
42451CB00009B/914